hanne f. juritz / walter diewock

# pipistrellus

APHAIA VERLAG
Berlin

hanne f. juritz

gedichte

walter diewock

temperamalerei

# pipistrellus

APHAIA VERLAG
Berlin

gelöscht
Stadtbibliothek
Neu-Isenburg

## DACHTE

eine schwarze schnecke unterm
flügel am teppichrand klebend
zu sehen hingeführt vom hund
zum dunklen punkt sah winzige
dreiecksöhrchen am corpus plus
atemhebungen zierlichst unter
der haut wußte beim zugriff in
zeitlupe minivampir kühles
körperchen auf der haut spinne
mit regenschirmarmen wohl
durch den kamin weiß der kuck
kuck zum flügel gefledert wo
möglich von hundenase gestoßen
gekullert womöglich verletzt
hand innen kaum merklich mit
nase benickt kleiner geworden
maikäfergroß angst vor licht vor
pipette jetzt sperrt ers auf zahn
loses mäulchen doppeltes drei
eck rosa rachen knackt zischt
wie schlange hunger so klein wie
so groß wie der durst mit pipette
gestillt mit vom panzer befreiten
auf zahnholz gespießten insekten
vorerst gesättigt

# RIECHT

nach getrocknetem schweineohr
hundekonfekt in feuchte wolle
gewickelt schimpft bei berührung
wie rätsche duckt sich rund im
rückwärtsgang takelage seitlich
versteckt äußerst bedürftige sicht
aus kaviarperlen im pelz gleiches
format die nasenlöcher davor
geruchsinn auf höchst sensiblem
niveau organ ständig prüfend in
tastender bewegung hängt gern
kopfunter vom daumen herab
eine woche zu gast

**SPREIZT DIE FINGER**

dehnt die häute fächert
breit übt starten vom
tisch erschrickt vor der
eigenen spannweite
will sich davonfliegen
gleich wieder landen
landet daneben zieht
hastig die tragflächen
ein huscht ins vertraute
dunkle textil bleibt für
stunden verschwunden
nächtliches exil in der
turnschuhspitze wiegt
um die drei gramm jetzt
zwei wochen zu gast

**STIMME**

zirpend wie sehr junge
grasmücke feines schnalzen
knattern knistern beißt
neuerdings mit winzigstsäge
zähnchenreihen leuchtend
im schwarzen gesicht
schreckens hauer hinter der
lupe sucht
drei wochen gast jetzt
mehr als zu anfang wärme
dunkle weiche weste
kommentiert mit trommel
wirbeln aus der kehle den
kreuzquer durch sämtliche
räume schießenden schmeiß
flieger lugt
bei spaziergängen höchst
alarmiert aus der brusttasche
hummelvibrant
in furcht und neugier stumm

**VIER**

wochen gast hier nachts
flattergeräusche im korb
mächtiger bewegungs
drang hoch zum deckel
wütendes knistern und
raspeln für flugversuche
ist das vampirschloss zu
eng ein polster aus khaki
farbenem samt wuchs
dem gast den rücken
hoch ins genick wird er
gestreichelt schnurrt er
vor schreck und entzücken
zum freiflug ist es zu früh
noch wird ihm die beute
ins mäulchen gestopft
man fängt motten
und mücken

## IN FÜNF WOCHEN

nahezu stressfrei das schimpfen
gelernt prophylaktisch schnarrend
zum wecken vorm füttern beim tragen
bis auf wenige sturzflüge äußerst
bewegungsarm pelziges faultier
unmerklich heller geworden messing
schimmerndes fell
übungsraum wenig benutzt lieber
die hand als versteck oder brusttasche
links bevorzugt geflügeltes auf extrem
dünnen brüchigen beinen
spinnen und schnaken kaum ein
insekt mehr zu sehn

## EINEN WEBERKNECHT

zum frühstück verspeist in
emsiger hast ganzer zwerg
steht vor gier unter strom
vibrierender flügelraspler
beinchenknacker sehr
bei der knusprigen sache
nachtschwärmer üppigster
gang des menüs flattert
geviertelt vom brett diese
augen am rollenden kopf
nie mehr hör ich dich
mach ich das soll er sie
selber doch jagen
wird auch kein weiterer
heuschreck geschlachtet
zitternde schenkel schock
schwere not was tut man
nicht alles gedeihlich dem
zornigen gast der nach fast
sechs wochen mast so
fürchterlich zubeißen kann

## WAS WIRD

nun nach sieben durch
päppelten zwergenwochen
im haus draußen wäre das
zwangsweis in einzelhaft
lebende gruppengeschöpf
längst jagend über den
dächern statt dösend vom
finger zu hängen um not
falls beim wecken zornig
zu beißen wie soll es zum
hochflieger reifen wo sein
talent nur schräg abwärts
zur bauchlandung reicht
keiner macht ihm was vor
das mottenbuffet an der
straßenbeleuchtung regt
ihn nicht an und nicht auf
wird ihm doch mit wurm
proteinen das zirpende
mäulchen gestopft der
muskelkraft wegen der flug
tüchtigkeit kaum ist der
winzigpelz satt wird statt
zu trainieren die dunkelste
nische gefunden fast schon
im schlaf

## PIPISTRELLUS

vom frühchen zur adoleszenz
gereift kleiner king mit bedienung
verteidigt sein castle mit krallen
und zähnen in den gemächern
herrscht dunkel
vergrübelt kopfunter ein flattriges
leben an ziehmutters busen
(brusttasche schwarz) neigung
zu depressionen
hält am verweigern von flug
bewegungen fest
hat der nächtlichen mottenhatz
überm dach abgeschworen für
immer den rehbraunen rücken
gekehrt eremit in gefalteter kutte
pipistrellus pipistrellus von den
glattnasen faucht auf den spiegel

## GENAU

hingesehn diesmal nimmt
fleder kopfunter das
frühstück verrichtung des
anschließend kleinen
geschäfts zwangsgegen die
schwerkraft stempelchen
artig nach hinten gerichtet
wirkt minipelz bei intimer
beschau deutlich feminin
über neun wochen scheint
pipistrellus klammheimlich
zur pipistrella mutiert

## BEREIT ZUM

auffangen des von der glatten
holzkante herab hängenden
hinundher köpfchenhebenden
flederfingerzuckenden unmutig
tapferen winzlinggeschöpfs so
nervös sprungbereit wie ein
bunjee eleve beim ersten mal
beherzt steil in die berberwolle
tragflächen vergessen ganz aus
zu fahren notlandung gleich
nach dem start die angelegten
flederarme als gehstöcke
nutzend in eile zur handhöhle
nichts wie ins warme versteck

## DABEI SEIN

wollen an den füßchen
aufgehängt im dunkel der
brusttasche ohne protest
beim beugen strecken
treppensteigen hände
waschen (niagarafälle)
reden (düsenjäger) lachen
(presslufthammer) lärmt
beim kissenschütteln
(orkan) schnakenfangen
(knall) beim verlassen
des hauses hängedrehung
um hundertachtzig grad
glattnase hoch aus der
tasche taucht vor über
fliegern blitzschnell in die
tiefe lässt sich mit hauch
feuchtem finger waschen
rücken nacken hinter den
ohren schmiegt den pelz
kopf in die berührung
bläht sich brummt

## SPRACHSCHULE

täglich narrative signale
zu imitieren versucht
A ticken klicken spelzen
knacktöne in variabler
folge schnell bis zögerlich
im rhythmus vergleichbar
den schreibübungen von
anfängertippsen auf neuen
tasten mit korrekturpausen
hier lauschpausen B vom
knacken ins schnalzen C
vom schnalzen zwitschern
knistern ins zirpen vom
zirpen D ins raspeln
rascheln rasseln rätschen
divergierende phonstärken
pianissimo bis forte aus der
tiefe des ultraschallenden
federgewichts in die tiefe
des innenohrs

## SOMMERGAST

von sommeranfang bis
herbstbeginn dreizehn
wochen unter giganten
fleders gesänge gespräche
aus tasche und hand enden
im schlafhaus beinchen
gesteift winzigkrallen wie
zarte federzeichnung ton
in ton auf schwarzer seide
hat nicht vom finger gewollt
nahm weder mehlwurm noch
motte hat wasser verspuckt
zwei tröpfchen genommen
leis vor sich hin geklickt
zitternd im täschchen kopf
oben hilfe erhofft womöglich
mit schmerzen schuld war
vielleicht ein belasteter
wurm oder der sendemast
drüben wer weiß wollte
nicht los lassen hab nicht
verstanden

# HANNE F. JURITZ

geboren in Straßburg, lebt als Schriftstellerin in Dreieich bei Frankfurt am Main. Für ihre Lyrik und Prosa wurde sie mehrfach ausgezeichnet:
 Leonce-und-Lena-Preis für Lyrik, Darmstadt (1972). Georg-Mackensen-Preis für die beste deutsche Kurzgeschichte (1978). Preis der Schüler zum Deutschen Kurzgeschichtenpreis (1979). Stadtschreiberin von Offenbach am Main (1981-83). Kulturpreis des Kreises Offenbach (1993). Mitglied der Darmstädter Sezession.
 Bücher u.a.: *nach der ersten halbzeit*, Gedichte (1973). *nr.2*, Gedichte (1975). *flötentöne*, Gedichte (1975). *landbeschreibung*, Gedichte (1975). *gedistel*, Texte (1975). *spuren von arsen zwischen den bissen*, Gedichte (1976). *dichterburg dichterkeller dichterberg dichterhain*, Prosa (1976). *vorzugsweise: wachend*, Gedichte (1976). *schlüssellöcher*, Gedichte (1977). *ein wolkenmaul fiel vom himmel*, Gedichte (1978). *...einen weg zu finden*, Gedichte (1980). *hommage a marcel marceau*, Gedichte (1980). *die unbezähmbarkeit der piranhas*, Gesammelte Erzählungen (1982). *der weiche kragen finsternis*, Gedichte (1983). *gelegentlich ist joe mit kochsalz unterwegs*, Gedichte (1985). *die nacht des trommlers*, Gedichte (1986). *verwehung im park*, Gedichte (1988). *spiegelung, bilder aus meinen erzählungen*, Graphiken der Autorin (1989). *sieben wunder!*, Gedichte/Graphiken der Autorin (1991). *blicke eines freundes*, Gedichte, (1993). *carolines feuer*, Erzählung (1994). *e.a. - epreuve d'artiste*, Gedichte (1995). *Mitlesebuch 14 - Hanne F-. Juritz*, Gedichte (1996). *zeit sprung*, Gedichte (1997). *kein programm ohne schusswechsel*, Gedichte (1999). *von den ismen*, Traktat (2001). *sperren*, Kurzprosa (2002). *chapeau claque*, Gedichte (2005).

# WALTER DIEWOCK

geboren 1953 in der Tschechoslowakei, Karlsbad, böhmisches Erzgebirge, wo er im Bergdorf Abertham bis zu seinem 14. Lebensjahr lebte. Er besuchte schulbegleitend mehrere Jahre die Kunstschule in Schlackenwerth (Ostrov) bei Karlsbad. Ausstellungen erster Ölbilder und Zeichnungen in Karlsbad und Schlackenwerth.
 1967 mit Eltern und Bruder Werner nach Hessen in Deutschland umgesiedelt. Einzelausstellungen und Beteiligungen mit Ölbildern, Zeichnungen und Druckgraphiken. 1992 Gründer der Edition »kapillenzacker«. Herausgeber der Anthologie »Skurrikulinarium« und weiterer Künstler-Bücher. Nun vorwiegend mit Ölmalerei beschäftigt. Neben seiner Mitwirkung in unterschiedlichen Jazzgruppen als Jazzgitarrist entstehen vorwiegend Bilder in Bleistift, Radierung, Tuschezeichnung und Temperamalerei.

**Impressum**

© Copyright für diese Ausgaben APHAIA VERLAG 2007
© Copyright der Gedichte Hanne F. Juritz
© Copyright der Abbildungen Walter Diewock
Temperamalerei in schwarz-weiss auf Malkarton; Titelbild: Ölmalerei.

Gestaltung, Druck und Bindung: APHAIA VERLAG
Papier: Munken Lynx 130g

Beide Ausgaben sind von der Autorin signiert.
Normalausgabe: ISBN 978-3-926677-59-4

Den 30 Exemplaren der Vorzugsausgabe ist eine
signierte Offsetlithographie beigelegt.
Vorzugsausgabe: ISBN 978-3-926677-60-0

Dieses Exemplar hat die Nr.

Die Deutsche Bibliothek verzeichnet diese Publikation
in der Deutschen Nationalbibliothek http://dnb.ddb.de

**APHAIA VERLAG**
Literatur – Musik – Bildende Kunst von Zeitgenossen
Svea Haske, Sonja Wendeler

D-12489 Berlin-Adlershof, Radickestraße 44, Fon & Fax 030 / 813 39 98
Mail: info@aphaia-verlag.de / www.aphaia-verlag.de